Cursive Writing Book for Kids age 8-10

Welcome to Your Cursive Writing Adventure!

Hello there, young writer!

You're about to embark on an exciting journey to master the art of cursive writing. This workbook is your guide, filled with fun and carefully designed exercises that will help you learn how to connect letters gracefully and express your thoughts in beautiful cursive handwriting.

As you turn the pages, you'll find easy-to-follow instructions that will make learning cursive not just educational but also incredibly enjoyable. We've designed this book to grow with you, starting with the basics and gradually moving to more advanced skills.

So, grab your favorite pen or pencil, and let's get started! By the end of this book, you'll not only have improved your handwriting but also have gained a valuable skill that will serve you well in school and beyond.

Happy writing!

Alphabet

A B C D E F G H I J K L M N O P Q R S T U V W X Y Z

a b c d e f g h i j k l m n o p q r s t u v w x y z

B is
For Bear

A B C D E F G H I J K L M N O P Q R S T U V W X Y Z

2
1
3
5
4
b is
For bus
SCHOOL
b b b b b b b b b
b b b
b
b
a b c d e f g h i j k l m n o p q r s t u v w x y z

C is
For Car

A B C D E F G H I J K L M N O P Q R S T U V W X Y Z

c is
For cat
abcdefghijklmnopqrstuvwxyz

3
2
1
D is
For Dog
A B C D E F G H I J K L M N O P Q R S T U V W X Y Z

1 2
d is
For duck
d d d d d d d d d d d
d d d
d
d
d
a b c d e f g h i j k l m n o p q r s t u v w x y z

E is For
Elephant
ABCDEFGHIJKLMNOPQRSTUVWXYZ

a b c d e f g h i j k l m n o p q r s t u v w x y z

1
4 2
3
F is
For Fawn
1
4 2
3
A B C D E F G H I J K L M N O P Q R S T U V W X Y Z

f is
for frog

a b c d e f g h i j k l m n o p q r s t u v w x y z

G is
For Giraffe
ABCDEFGHIJKLMNOPQRSTUVWXYZ

g is
For gorilla

a b c d e f g h i j k l m n o p q r s t u v w x y z

1
2
3
H is
For Hamster
A B C D E F G H I J K L M N O P Q R S T U V W X Y Z

h is
For horse

2
1
l is
For Iguana

i is
For impala

a b c d e f g h i j k l m n o p q r s t u v w x y z

J is for
Jellyfish

A B C D E F G H I J K L M N O P Q R S T U V W X Y Z

j is
For jaguar
a b c d e f g h i j k l m n o p q r s t u v w x y z

K K K K K K K K K

K K K K

K

K

K

k is
For koala

L is
For
Lobster

A B C D E F G H I J K L M N O P Q R S T U V W X Y Z

l is
For locust

M is For
Mouse

A B C D E F G H I J K L M N O P Q R S T U V W X Y Z

m is
For
monkey

a b c d e f g h i j k l m n o p q r s t u v w x y z

1
2
3
N is For
Narwhal

A B C D E F G H I J K L M N O P Q R S T U V W X Y Z

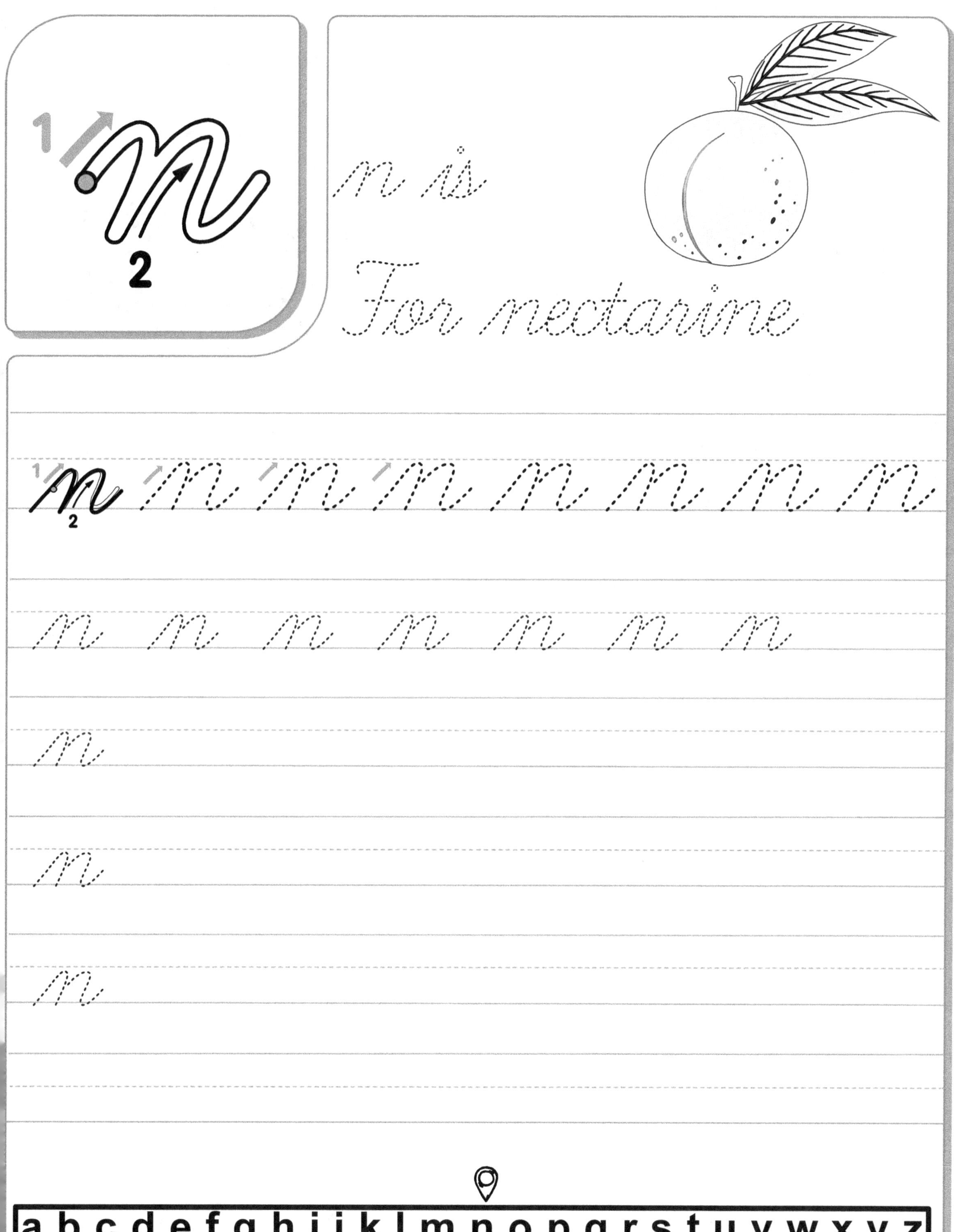

1
2
n is
For nectarine
a b c d e f g h i j k l m n o p q r s t u v w x y z

O is
For Owl

A B C D E F G H I J K L M N O P Q R S T U V W X Y Z

o is For
octopus

1
2
3
P is For
Pelican

1 2 3 4
p is For
parrot
a b c d e f g h i j k l m n o p q r s t u v w x y z

Q is
For Quail

A B C D E F G H I J K L M N O P Q R S T U V W X Y Z

1 2
3
q is
For quil
1 2
q q q q q q q q q q q
q q
q
q
q
a b c d e f g h i j k l m n o p q r s t u v w x y z

R is For
Rabbit
R R R R R R R
R R R R R
R
R
R
A B C D E F G H I J K L M N O P Q R S T U V W X Y Z

2
1
3
n is For
robot

a b c d e f g h i j k l m n o p q r s t u v w x y z

1 2 3
S is
For Shark

1
2
3
s is For
snake
a b c d e f g h i j k l m n o p q r s t u v w x y z

T is
For Turtle

A B C D E F G H I J K L M N O P Q R S T U V W X Y Z

t is
For tiger
a b c d e f g h i j k l m n o p q r s t u v w x y z

ABCDEFGHIJKLMNOPQRSTUVWXYZ

u is

For

unicorn

V is
For Viper
A B C D E F G H I J K L M N O P Q R S T U V W X Y Z

v is For

vulture

1 2 3
W is
For Whale

A B C D E F G H I J K L M N O P Q R S T U V W X Y Z

1 2 3 4

a b c d e f g h i j k l m n o p q r s t u v w x y z

1
2
3
X is
For Xenarthra
X X X X X X X
X X X X
X
X
X
A B C D E F G H I J K L M N O P Q R S T U V W X Y Z

x is
For xenops
a b c d e f g h i j k l m n o p q r s t u v w x y z

Y is For
Yellow tang

A B C D E F G H I J K L M N O P Q R S T U V W X Y Z

1 2 3
y is
For yak

a b c d e f g h i j k l m n o p q r s t u v w x y z

Z is For
Zuniceratops
A B C D E F G H I J K L M N O P Q R S T U V W X Y Z

1
2
3
z is
For zebra

a b c d e f g h i j k l m n o p q r s t u v w x y z

Numbers

Zero

zero

One
one

One One

one one

2

Two

two

2 2 2 2 2 2 2 2 2

2 2 2 2

Two Two

two two

3

Three

three

3

3 3 3 3 3 3 3 3

3 3 3 3 3 3 3 3

Three Three

three three

Four
four

4 4 4 4 4 4 4 4 4

4 4 4 4 4 4 4 4 4 4

Four Four

four four

Five
five

5 5 5 5 5 5 5 5 5
5 5 5 5

Five Five

five five

Six
six

6 6 6 6 6 6 6 6 6

6 6 6

Six Six

six six

1
2
Seven
seven
Seven Seven
seven seven

Eight
eight

8 8 8 8 8 8 8 8 8

8 8 8

Eight Eight

eight eight

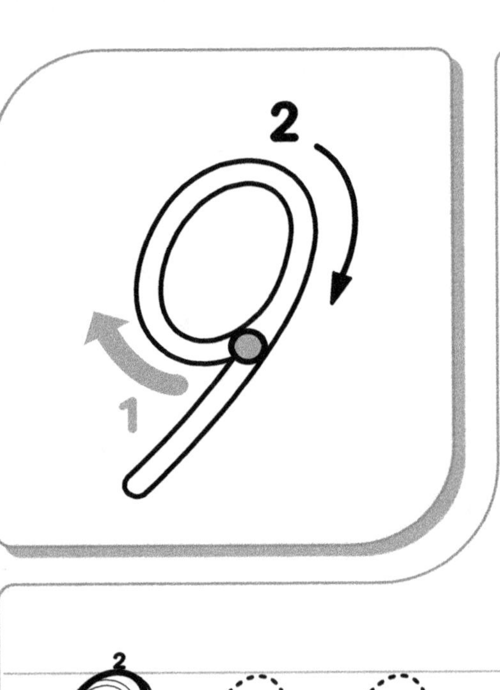

Nine

nine

9 9 9 9 9 9 9 9 9 9 9

9 9

Nine Nine

nine nine

10

Ten

ten

Ten Ten

ten ten

Words and Phrases
LOVE
Friendship
HAPPINESS
Family

a m am am

a n an an an

a s as as as

b e be be be

b y by by

d o do do do

g o go go go

h e he he

h i hi hi

if if if if

i n in in

m e me me

m y my my

n o no no

of of of of

o n on on

p a pa pa

s o so so

t o to to to

u p up up

Ant ant ant

Apple apple

Bear bear

Bus bus bus

Car car car

Cat cat cat

Dog dog dog

Door door

Eagle eagle

Egg egg egg

Frog frog

Glue glue

Garlic garlic

Horse horse

Juice juice

Iron iron

Ink ink

Jam jam

Key key key

Lion lion

Kiwi kiwi

Lamb lamb

Mop mop

Net net net

Olive olive

Onion onion

Pear pear

Pizza pizza

Queen queen

Quill quill

Rose rose

Rocket rocket

Sun sun

Sheep sheep

Table table

Tree tree tree

Unicorn unicorn

Van van

Vase vase

Water water

Xenops xenops

Yoyo yoyo

Yarn yarn

Zip zip

Zoo zoo zoo

Monday monday

Tuesday tuesday

Wednesday wednesday

Thursday thursday

Friday friday

Saturday saturday

Sunday sunday

Month Names

January january

February february

March march

April april

May may

June june

July july

August august

September september

October october

November november

December december

Ants work so hard

Ants work so hard

Bears love honey

Bears love honey

Cats are so adorable

Cats are so adorable

Dogs are so friendly

Dogs are so friendly

Eagles fly so high
Eagles fly so high

Frogs live in swamps
Frogs live in swamps

Goats love heights
Goats love heights

Hamsters are so cute

Hamsters are so cute

I love ice cream

I love ice cream

The key unlocks the door

The key unlocks the door

Lions live in Africa
Lions live in Africa

The mouse can jump
The mouse can jump

Nuts contain one seed
Nuts contain one seed

Fresh olives taste so bitter

Fresh olives taste so bitter

Pizzas are from Italy

Pizzas are from Italy

Roses are so beautiful

Roses are so beautiful

Sheep are herbivores

Sheep are herbivores

Volcanoes emit ashes

Volcanoes emit ashes

Water is a liquid

Water is a liquid

Yoyo is a funny toy

Yoyo is a funny toy

practice

practice

practice

practice

practice

Congratulations on Completing Your Cursive Writing Journey!

Well done! You've reached the end of this workbook, but this is just the beginning of your adventures in cursive writing. You've learned to loop, connect, and flow your words with elegance and style. Remember, practice makes perfect, so keep using your new skills as often as you can.

Thank you for allowing us to be a part of your learning journey. We hope you found these exercises enjoyable and that they've sparked a lifelong love for beautiful handwriting. Keep writing, keep improving, and most importantly, keep expressing yourself uniquely through your cursive writing.

See you on the next page of your writing adventure!